CHARTE

CONSTITUTIONNELLE,

PAR

M. MAUREL (J.-J.),

ANCIEN VÉRIFICATEUR DES PLANS DU CADASTRE.

La méthode de la liberté
est
la loi.

NISMES,

IMPRIMERIE DE LA VEUVE GAUDE.

MAI M DCCC XXXII.

INTRODUCTION.

LA constitution, la loi des lois, le régulateur des peuples et des rois, l'acte qui impose silence aux ambitions de toutes les époques, est la table immuable des ressorts, des axiomes sur lesquels reposent les institutions d'un empire : les gouvernés arrêtent les axiomes, les gouvernans les acceptent.

Le peuple français défiant et pour cause, les Bourbons abusent de la force, s'étayent du droit divin, et octroyent une charte qu'ils jurent d'observer. Ces principes monstrueux firent le malaise qui devait finir au 25 juillet 1830, lorsque le génie infernal qui préside à tous nos désastres presse les événemens et donne à la charte une autre origine, sans changer son esprit indécis et vacillant.

Notre charte est celle de 1830, avec quelques changemens, avec quelques additions. Loin de nous de la proposer comme un modèle accompli : toute notre ambition serait d'ajouter un atome à la puissance que les philantropes agitent pour lancer la paix et le bonheur.

Notre projet étant purement idéal, c'est sans conséquence qu'en le texte comme aux notes l'on trouve quelque analogie avec le peuple français.

CHARTE
CONSTITUTIONNELLE.

DROIT PUBLIC DES FRANÇAIS.

Art. 1.er Le drapeau et la cocarde sont tricolores ; le bleu, le blanc, le rouge, sont les couleurs nationales de la France.

2. Les Français sont égaux devant la loi, quels que soient leurs titres, leurs rangs.

3. Le Français n'obéit qu'à la loi, et sa liberté individuelle est garantie et protégée.

4. Chaque Français a le droit de faire imprimer et de publier son opinion.

5. Ils sont tous admissibles à toutes les fonctions, à tous les emplois publics.

6. Chacun professe sa religion avec une égale liberté, et obtient pour son culte la même protection.

7. L'enseignement, les métiers et le commerce, sont facultatifs à tous les Français : le commerce des esclaves est défendu.

8. Les fonctions, les emplois, les métiers, ne sont ni héritages, ni transmissibles.

9. Les fonctions et emplois publics sont honorifiques ou payés.

10. L'employé qui reçoit un traitement d'activité a droit à un traitement de retraite, après dix années de service ; pour les ministres, ce service est réduit à cinq ans.

11. Nul ne peut recevoir plus d'un traitement, et les Pairs seulement peuvent cumuler deux fonctions.

12. Les Français contribuent tous, dans la proportion de leur fortune, aux charges de l'Etat. Aucune taxe, aucun impôt ne peuvent être établis et perçus qu'en vertu d'une loi.

13. Toutes les propriétés sont inviolables sans aucune exception.

14. L'Etat peut exiger le sacrifice d'une propriété pour cause d'intérêt public légalement constaté, mais avec une indemnité préalable.

15. L'impôt est territorial, personnel et industriel ; déterminé par les dépenses de l'Etat, facultatif pour celles locales ; il peut être voté pour une ou plusieurs années.

16. Chaque année une loi arrête les dépenses et les recettes de l'Etat.

17. Aucun emprunt n'est jamais contracté au nom de l'Etat.

(4)

18. L'Etat fait fabriquer les monnaies et tient les loteries ; tout autre commerce lui est interdit.

19. L'armée active et la garde nationale sont la force publique.

20. L'armée active et la garde nationale se recrutent parmi les Français de l'âge de 20 à 60 ans ; cependant il pourra être formé deux légions étrangères.

21. L'infraction à la loi est punie de dommages-intérêts, du bannissement, de la détention et de la mort, sans que jamais la confiscation des biens puisse être prononcée.

FORME DU GOUVERNEMENT.

22. La puissance législative s'exerce collectivement par l Roi, la Chambre des Pairs et la Chambre des Députés ; à chacun de ces pouvoirs appartient la proposition des lois.

23. Les Chambres se partagent en commissions pour préparer la discussion des lois.

24. Toute loi est discutée et votée librement par la majorité de chacune des deux Chambres.

25. Si une proposition de loi est rejetée par l'un des trois pouvoirs qui constituent le gouvernement, elle ne pourra être présentée dans la même session.

26. Les séances des deux Chambres sont publiques ; mais chacune, sur la demande de cinq membres, peut se former en comité secret.

27. Le Roi sanctionne et promulgue les lois.

28. Le Roi convoque chaque année et en même temps les deux Chambres ; il les proroge et peut dissoudre celle des députés ; mais, dans ce cas, il en convoque une nouvelle dans le délai de trois mois.

29. La session de l'une des Chambres commence et finit en même temps que celle de l'autre.

30. Tout citoyen Français peut faire des pétitions à l'une et à l'autre des deux Chambres, sur des intérêts généraux et particuliers ; mais toute pétition est faite et présentée par écrit, il est défendu d'en apporter en personne et à la barre.

DU ROI.

31. Le Roi est le chef suprême de l'Etat ; l'état de guerre et l'état de paix sont réglés par la loi ; au Roi seul appartient la puissance exécutive.

32. La personne du Roi est inviolable et sacrée.

33. Le trône est héréditaire.

34. Le Roi ne peut posséder en propre aucune propriété.

35. La liste civile est fixée, pour toute la durée du règne, par la première législature assemblée depuis l'avénement

du Roi, sans qu'elle dépasse jamais un revenu annuel de douze millions de francs, et de six millions en propriétés qui sont invariablement le domaine de la couronne.

36. Le Roi donne les titres, dignités et décorations; il fait des nobles à volonté, mais sans aucune exemption des charges et devoirs de la société.

CHAMBRE DES PAIRS.

37. Les Pairs sont deux cents ; ils sont à vie et nommés par le Roi qui peut en varier les dignités ; ils sont âgés de 40 ans et pris parmi les hauts fonctionnaires et les grandes notabilités du royaume.

38. Les princes du sang sont Pairs par droit de naissance; ils siégent immédiatement après le président, mais ils n'ont voix délibérative qu'à 25 ans.

39. Les Pairs ne peuvent remplir d'autres fonctions que celles d'ambassadeurs ou des ordres militaire et ecclésiastique.

40. La Chambre des Pairs est présidée par le Chancelier de France ; en son absence, par un Pair nommé par le Roi.

41. La Chambre des Pairs connaît des crimes de haute trahison, et des attentats à la sûreté de l'Etat.

42. La Chambre des Pairs, hors le temps de la session de la Chambre des Députés, ne peut être réunie que comme Cour de justice et que pour exercer des fonctions judiciaires.

43. Aucun Pair ne peut être arrêté que de l'autorité de la Chambre, sauf le cas de flagrant délit, et jugé que par elle en matière criminelle.

44. Chaque Pair qui ne jouit d'aucun traitement en reçoit un de 10,000 fr.

CHAMBRE DES DÉPUTÉS.

45. Les Députés sont trois cents ; ils sont élus par les colléges électoraux, et pour cinq ans; ils sont âgés de 40 ans et payent 1,000 fr. de contributions directes.

46. Les Députés ne peuvent occuper d'autres fonctions publiques.

47. S'il ne se trouve pas dans le département cinquante éligibles, ce nombre, dans lequel pourront choisir les électeurs, sera complété par les plus imposés ayant l'âge.

48. Le président de la Chambre des Députés est élu par elle à l'ouverture de chaque session.

49. Aucune contrainte par corps ne peut être exercée contre un Député durant la session et dans les six semaines qui l'auront précédée ou suivie.

5o. Aucun Député ne peut, pendant la durée de la session, être poursuivi ni arrêté en matière criminelle , sauf le cas de flagrant délit, qu'après que la Chambre a permis la poursuite.

5ı. Chaque Député qui ne jouit d'aucun traitement en reçoit un de 5,ooo fr.

COLLÉGES ELECTORAUX.

52. Les Colléges électoraux , dans chaque département, se forment de tous les Français âgés de 3o ans, et payant 2oo fr. de contributions directes : néanmoins , s'il ne se trouvait pas dans le département trois cents électeurs , ce nombre sera complété par les plus imposés ayant l'âge.

53. Les présidens des Colléges électoraux sont nommés par les électeurs.

MINISTRES.

54. Le Roi nomme les huit ministres, de l'intérieur, de la guerre , de la marine et des colonies , de l'agriculture et commerce , des cultes et instruction , de la justice, des finances et de l'extérieur.

55. Les ministres peuvent être pris dans les Chambres des Pairs et des Députés ; mais alors ils cessent d'avoir voix délibérative.

56. Les ministres ont leur entrée dans les Chambres, et doivent être entendus quand ils le demandent.

57. La Chambre des Députés a le droit d'accuser les ministres, et de les traduire devant la Chambre des Pairs, qui seule a celui de les juger.

58. Les ministres forment un conseil présidé par l'un d'eux.

59. Les ministres sont chacun responsables des actes qu'ils signent et contre-signent.

6o. Chaque ministère est subdivisé en directions. Le Roi nomme les directeurs et secrétaires généraux ; tous les autres employés reçoivent des commissions des ministres.

CONSEIL D'ÉTAT.

6ı. Les conseillers d'Etat sont nommés par le Roi ; leur nombre est de vingt-cinq et seize suppléans.

62. Le conseil d'Etat se divise en autant de sections que de ministres ; il est présidé par chacun des ministres et par un conseiller vice-président que le Roi nomme.

ORDRE MILITAIRE.

63. Le Roi nomme à tous les grades , à tous les emplois supérieurs de l'armée active de terre et de mer ; tous

les autres officiers et employés reçoivent des brevets des ministres.

64. Le Roi nomme les généraux des gardes nationales, et choisit les colonels et les lieutenans-colonels parmi les candidats présentés par les légions ; le ministre nomme les officiers comptables, les majors, adjudans et sous-adjudans ; tous les autres commandans sont élus par les légions et pour cinq ans.

65. Les maréchaux de France sont treize, et les grands-amiraux trois ; ils sont tous à vie et commandent les armées ; sont gouverneurs des divisions, des côtes maritimes et des colonies ; forment le conseil supérieur de la guerre et de la marine, présidé par le président du conseil des ministres, et par un vice-président que le Roi choisit parmi eux.

66. La France est divisée en 26 divisions militaires ; le nombre des subdivisions est 86, autant que de départemens.

67. *De la force publique.* Douze mille hommes sont la garde royale ; officiers, sous-officiers et soldats sont pris dans les régimens de l'armée active, et ont au moins trois années de service effectif dans leurs grades respectifs.

68. Nul militaire, nul employé des armées ne peuvent être destitués sans un jugement préalable.

ORDRE ECCLÉSIASTIQUE ET INSTRUCTION.

69. Le Roi nomme les ministres de la religion catholique, ceux des autres cultes chrétiens et ceux des juifs ; tous sont inamovibles et reçoivent du trésor public un traitement suffisant.

70. Les temples, cimetières et logemens des ministres de chaque culte, sont à la charge des communes ; les ornemens et ustensiles sont fournis par les co-religionnaires.

71. Pour le culte catholique, dans chaque division militaire est un Archevêque, dans les autres départemens un Evêque.

72. Dans toutes les religions, les communautés et les couvens sont interdits.

73. Les hospices et tous les établissemens publics sont dotés par l'Etat, les départemens et par les communes ; ils ne sont jamais autorisés à recevoir des dons particuliers.

74. Toutes les cérémonies des divers cultes sont circonscrites dans l'intérieur des temples respectifs.

75. Dans chaque division est une académie pour les sciences et les lettres, et un collége dans chaque département.

(8)

76. Le Roi nomme les inspecteurs généraux, les recteurs, le président de l'institut, les directeurs de l'école polytechnique et des écoles spéciales ; les autres agens reçoivent des commissions des ministres : néanmoins les places de l'institut, les chaires de facultés et des écoles, excepté des colléges et des séminaires, sont données au concours.

77. L'enseignement et les grades dans les facultés des lettres, sciences, beaux-arts, droit, médecine et théologie des divers cultes se donnent gratis.

78. L'institut se divise en autant d'académies qu'il est de facultés, chacune de vingt membres.

ORDRE JUDICIAIRE.

79. La justice s'administre au nom du Roi, par des juges qu'il nomme et qui sont inamovibles.

80. Il y a une Cour des comptes, une Cour de cassation à Paris, une Cour royale dans chaque division militaire, et un tribunal de première instance dans chaque arrondissement de préfecture et de sous-préfecture.

81. Les magistrats des parquets sont révocables : le Roi nomme les procureurs-généraux ; tous les autres reçoivent des commissions du ministre.

82. Les débats sont publics, à moins que cette publicité ne soit dangereuse pour l'ordre et les mœurs, et dans ce cas le tribunal le déclare par un jugement.

83. Les affaires criminelles sont jugées, dans chaque département, par les Cours d'assises ; un conseiller délégué de la Cour royale président, trois juges et douze jurés.

84. Dans chaque département la liste des jurés est la même que celle des électeurs.

85. Nul ne sera distrait de ses juges naturels ; en conséquence il ne pourra être créé ni commission, ni tribunaux extraordinaires.

86. Le Roi a le droit de faire grâce et celui de commuer les peines.

87. Dans chaque canton est un juge de paix nommé par le ministre.

88. Les juges des tribunaux spéciaux de commerce sont nommés par les notables commerçans, et pour cinq ans.

ORDRE ADMINISTRATIF.

89. Le Roi nomme les ambassadeurs, inspectenrs généraux, préfets, sous-préfets et directeurs de chaque service dans les divisions et les départemens ; les autres employés à l'intérieur et à l'extérieur reçoivent des commissions des ministres.

90. Les membres des conseils généraux, d'arrondissemens, cantons et communes, sont élus pour cinq ans; les premiers par les colléges électoraux, les seconds par les conseils des cantons, ceux-ci par les conseils municipaux, et ces derniers par tous les citoyens inscrits aux rôles de la contribution foncière.

91. Les présidens, maires et adjoints sont pris dans les conseils respectifs, et nommés : par le Roi, les présidens des conseils généraux, maires et adjoints des chefs-lieux des départemens ; par le ministre, ceux des arrondissemens ; par le préfet, ceux des cantons ; et par le sous-préfet, ceux des autres communes.

92. Les ventes, les fournitures, les entreprises et les travaux publics, sont prononcés et délivrés en adjudication publique ; néanmoins l'Etat peut faire confectionner et réparer en régie les armes et les machines de guerre.

93. Les ministres reçoivent 60,000 fr. ; les préfets, à Paris, 36,000 fr. ; à Lyon, Marseille et Bordeaux, 24,000 fr. ; dans les autres divisions militaires, cinq, 18,000 fr. et onze 15,000 fr. ; les départemens 12,000 fr. Ces appointemens sont le maximum dans chaque ville respective, pour toutes les autres fonctions dont le minimum est 300 fr. Les pensions et les retraites sont de 100 à 10,000 fr.

DROITS PARTICULIERS.

94. Les militaires en activité de service, les veuves, les officiers, les soldats et tous pensionnés et décorés, mais régulièrement et légalement, conservent leurs grades, pensions, honneurs et décorations.

95. Tout engagement régulier pris par l'Etat avec ses créanciers est inviolable.

96. L'ordre de la légion d'honneur est maintenu, et la noblesse conserve ses titres.

97. Toutes recherches des opinions et votes émis jusqu'à ce jour, sont interdites, et tous détenus ou condamnés de ce genre sont libérés.

98. Le code civil et les lois qui ne sont pas contraires à la présente Charte, restent en vigueur jusqu'à ce qu'il y soit légalement dérogé.

99. La présente Charte, tous les droits qu'elle consacre, sont confiés au patriotisme et au courage de la force publique et de tous les citoyens Français.

100. Le Roi et ses successeurs jurent, à leur avénement au trône, en présence des Chambres réunies, d'obéir fidèlement à la Charte constitutionnelle.

NOTES.

2. *Drapeau.* Dieu fit les choses merveilleuses : l'alvéole de l'abeille eut six faces, l'étendard des peuples fut l'arc-en-ciel. Le caprice et l'orgueil mettant toujours l'absurde à la place du vrai, aux époques gothiques un drap suaire, surmonté d'un as de trèfle, fut le drapeau français.

La république, ce gouvernement sauvage que les peuples appellent aux momens de détresse, brandit l'oriflamme, dans son délire colérique la pose sur la lance et menace le ciel même.

Napoléon I.er, comme une fleur, s'élève du peuple, et l'aigle, l'emblème du Français, couvre de ses ailes le drapeau républicain.

Lorsque la vanité mérita punition, Dieu nous affligea d'un gouvernement d'humiliation ; mais bientôt, se reprenant, les couleurs tricolores sont déroulées, et un Roi-citoyen, vomi du tumulte, les place sous l'égide du coq, de cette horloge animée qui, du haut d'une croix, crie encore aux passans qu'il est des occasions d'abandonner son prince. D'autres diront pourquoi la bannière nationale fut jamais mutilée.

3. *Loi.* Le monde existe : c'est un axiome. Mais les boules de feu qui roulent, qui se croisent dans ses vides, reçurent une impulsion d'une force motrice quelconque ; voilà la conséquence sur laquelle on essaya d'asseoir toutes les sociétés.

L'homme, né craintif, plein de besoins et pétri d'ambition, s'il ne peut vivre seul, consent des privations : voilà la loi.

Faciliter le développement des populations, arriver sans transitions à cette félicité qui appartient à l'étincelle de vie qui nous fait bondir : voilà le but de la loi.

4. *Liberté.* Le règne de Napoléon fut celui de l'esclavage ; les hommes manquèrent d'instruction et de courage : l'on fit le procès aux assassins des grandes routes, le code Français vit le jour, et le bruit de nos armes réveilla tous les peuples. Mais les expéditions de la Morée et d'Ancône, les lois du sacrilége et de la baleine, ... sont les œuvres riches de cette belle liberté qui produit chaque jour dix procès à l'occasion de la capacité des capables.

Hommes présomptueux et vains, laissez en paix la statue de don Juan ! *Soyez modestes : le 5 mai, la colonne qui dit aux nues notre ancienne grandeur, vous y convient.* La jeunesse française n'est pas endurante, et elle rit aux scènes de Pourceaugnac.

5. *Égalité.* Aux temps de la féodalité, comme en ces

jours, l'ignorance et la fatuité partagèrent les faveurs de la fortune au petit nombre des adeptes, des initiés. Le libre cours de l'industrie, le morcellement de la propriété, la distribution en vaste réseau des emplois et des honneurs, lient les intérêts, groupent les affections, et l'État et le Prince sont à l'apogée de force et de splendeur.

6. *Cultes*. Napoléon et Henri IV eurent l'ambition d'un seul empire, d'une paix et d'un bonheur éternels ; toutes les associations rêvèrent cette unité d'opinion, cette chimère ; mais avec la raison les associations mondaines s'abandonnent aux plaisirs, se livrent aux sciences.

Et les religions ne pouvant convenir, ni le foyer, ni les chefs, sont des écoles de morale, façonnant en tous lieux l'esprit aux manières du prince et aux usages du pays: alors toutes également utiles, avec la liberté des cultes le fanatisme et les guerres intestines s'évanouissent. Chaque commune choisit son pasteur, et chaque religion, soumise à des règles, obéit à des supérieurs qui s'élèvent graduellement.

8. *Hérédités*. Le trône héréditaire, le gouvernement est uniforme comme le temps, et la nation y trouve bénéfice : tous les revenus vont aux embellissemens, et tous les citoyens ont des droits égaux aux grâces du Roi ; mais les emplois, les honneurs, les professions sont à vie, autrement ce serait imposer les délégués au prince, poser ses digues aux nobles ambitions, et compromettre l'avenir.

— *Trône*. Si l'affliction que laissa dans le cœur l'exclusion des Bourbons, si les larmes qui mouillent les yeux au souvenir de Napoléon disent que l'hérédité, que la légitimité sont dans les mœurs françaises, au 7 août 1830, après la dernière tempête politique de la France, la colombe et l'arc-en-ciel eussent promis à la terre la paix et le bonheur, aucuns pensèrent le contraire ; soyons plus confians que le duc de Bourbon-Condé.

11. *Cumuls*. En France les hommes ne sont pas rares ; et, cela soit dit sans offenser les fortes têtes, les emplois peuvent sans danger être distribués un à un ; le gouvernement étend les bras et les collusions cessent. S'il est des exceptions pour les Pairs, elles sont circonscrites dans le petit cercle des fonctions qu'il importe d'agrandir, d'entourer de vénération et de prestiges.

12. *Impôts*. Le mode de perception peut être amélioré ; mais tous sont répartis avec justice, et, si les populations qui touchent aux lignes des opérations militaires sont sujettes à des charges exceptionnelles, il est à désirer que chaque billet de logement soit un mandat sur le collecteur. Il faut en finir avec les plaintes.

17. *Emprunts*. Le riche qui emprunte marche à sa ruine

et le misérable usurier monte à la fortune ; or , comme en ce monde tout est en rapport, voyez le plus piètre banquier de l'Etat faire rapidement son revenu de son capital. Ainsi la dépense et la recette qui s'enlacent doucement gagnent au moins à l'Etat les profits usuraires.

18. *Loteries.* Moyen fort innocent de bonheur et de fortune pour le pauvre qui croit aux songes, qui écoute les pronostics ; mais les jeux sont immoraux, et l'Etat, qui ne veut prévenir que les inconvéniens des loteries clandestines , doit diminuer les occasions , compliquer le jeu, n'avoir des bureaux de recette qu'aux chefs-lieux des départemens, et dans les villes ensuite qui ont une population agglomérée de dix mille âmes.

— *Monopoles.* La perception de l'impôt ne saurait jamais justifier l'établissement des priviléges ; c'est un mauvais moyen de tuer pour mieux marcher. Napoléon, ce vaste génie, s'entendait à tout ; mais il fut moins heureux dans le commerce des poudres de nez et de guerre, que lorsque, s'imposant des privations pour tracasser l'Anglais, il créa l'atmosphère des grandes inspirations, releva l'industrie et fit éclore toutes nos belles manufactures.

19. *Armée.* La garde nationale est toute de travailleurs. De l'armée active les uns font les fortifications, d'autres réparent les armes et soignent les chevaux ; la troupe de ligne seulement est paresseuse, languit et s'énerve dans une caserne. Cependant l'encaissement des fleuves, la construction des digues le long des côtes maritimes, l'applatissement des routes escarpées, les grands canaux d'irrigation et de transport, sont des travaux dignes d'Hercule et qui peuvent encore illustrer un peuple, s'il faut en croire ce qui nous reste des Romains.

20. *Etrangers.* Les étourdis des armées étrangères, les enfans de la liberté que la fortune délaisse un instant, se placent naturellement dans deux légions, du nord et du midi.

21. *Peines.* La loi punit, corrige ou laisse au temps le soin d'en décider. La punition est éternelle, et, sans être cruel, un peuple ne doit jamais se dessaisir de cette force. Mais, lorsque la société prononce une séparation instantanée, la marque, le carcan, la dégradation pour le civil, sont des cruautés peu en harmonie avec la dignité de l'homme, qui doivent sortir de nos codes et retourner aux peuples barbares qui les importèrent en France.

24. *Majorités.* Se forment de conviction et sans efforts ; tout système contraire est celui du pervers ou de l'ineptie, et c'est alors que le Roi doit veiller au salut de l'Etat.

L'église sacra Napoléon, et l'église conséquente, un avorton de religion, s'en va prêchant contre toutes les légitimités jusqu'à ce qu'une loi laborieusement amenée bannisse la famille de Napoléon. Et voilà pourquoi toute la terre, toutes les assemblées, n'eurent jamais le droit de juger les souverains.

Cependant le cas n'est pas clair. Aussi, d'un côté l'on voit la majorité proclamer une fête expiatoire, et de l'autre côté l'on voit la majorité rassurant la bourse du contribuable et se prêtant, à ravir, à un jeu trop nécessaire, de dire que son illustre sœur rabâche. Des hommes d'état savans dans le pour, sublimes dans le contre, quel bonheur pour la France ! Ici, malgré moi, je me rappelle cet homme qui, faisant l'entendu, dit, selon qu'il se tourne vers le nord et le midi, *béléou plaóura, béléou plaoura pas.*

Je ne dirai point les douleurs de la grande ombre qui, du fond des entrailles d'un affreux rocher que les flots de l'océan roulèrent aux confins du monde, sourit encore au bonheur de l'Europe ; mais j'entends sa bien-aimée, cette belle France que l'on descend du trône de la gloire, étonnée et s'adressant aux capables qui font pouffer de rire : attendez en silence le numéro des protocoles qui sera le dénouement de cette funeste comédie, et si, comme à ces introuvables condamnés à une agonie de remords et que vous voulez singer, le 10 mai est un épouvantail, n'oubliez pas que, quand le peuple s'élève, il est seul !

Sans doute il faut sacrifier au temps ; mais il y a de l'honneur à glaner dans un travail non moins utile que facile, en séparant l'impur, en éloignant les hommes qui salirent leurs fonctions, en purgeant les écuries d'Augias, en profitant enfin les momens perdus par les intérêts déchus ou trompés qui peuvent au loin se disputer la couronne.

31. *Paix.* Repos que se propose toute société : elle résulte, au dedans, d'une administration fidèle et capable, au dehors, de l'accomplissement des traités.

— *Guerre.* Aux rebelles à la loi et aux principes qui portent atteinte à l'indépendance nationale.

Un peuple est grand lorsqu'il défend ses institutions, mais il touche à sa décadence quand il mendie et provoque des alliances.

Napoléon séduit par la victoire, son règne fut toute une guerre ; aujourd'hui, que Dieu voulut appeler au ciel ce demi-dieu, il nous est donné de parodier son administration intérieure, de concourir à la paix générale.

34. *Roi-citoyen.* L'idée n'est pas nette : veut-on assimiler le Roi au prolétaire ? Mais tout domaine privé prévoit une retraite, annonce une abdication, décèle un provisoire dangereux à la confiance publique, et met l'inviolabilité du prince à l'épreuve la plus redoutable.

— *Juste-milieu.* Définition très-heureuse : ne voulant s'élever au ciel, ni descendre aux enfers ; l'on rampe sur la terre. Cependant, renoncer aux abus bénéficiaires, quitter la camisole de la critique, montrer une poitrine de verre, sont les conditions de ce système qui paraît si simple.

35. *Liste civile.* En tout est le caractère de la durée, de la stabilité ; la liste civile est alors perpétuelle : mais elle sera examinée de loin en loin, si les produits agricoles perdent de prix quand ceux de l'industrie en prennent, si la valeur de l'argent varie en raison de la masse émise en circulation, si les immeubles sont périssables.

— *Domaine.* C'est le montant total des contributions, néanmoins, pour augmenter les jouissances du prince, l'on imagina le domaine de la couronne, susceptible de bonifications, mais dont l'étendue ne saurait rester indéterminée sans risquer tout l'équilibre de l'ordre social.

Au partage des terres, les cimes des montagnes et les masses éloignées furent usagères ; ces friches pour engrais, chauffages et tous autres besoins, donnent asile aux rosées et aux vents, amans passionnés des plantes céréales ; elles rendent doucement à la mer les eaux que les éponges aériennes abandonnent avec impétuosité. Mais ces réserves sont aux communes, et le gouvernement les fait surveiller dans l'intérêt de toute la France.

37. *Législateurs.* Députés 300, un par cent mille âmes, et pas moins de deux par département. Pairs 200, et ces corps ont la dignité qui leur convient.

Les préjugés, même aux nombres, portent bonheur à qui sait s'en servir : les législateurs en rapport avec la population, le concours en est assuré ; les délibérations sont calmes, rapides et compactes.

— *Ages.* Les talens ne se comptent pas au nombre des années, mais joints à l'expérience ils sont plus brillans. Patience, chacun n'aura que trop vite son tour aux nobles fonctions qui semblent bien mieux la vétérance que le développement des facultés intellectuelles.

44. *Indemnités.* Du choc des opinions jaillit la loi, et, comme il est de l'honneur d'y concourir, chacun voudrait offrir son temps ; mais, si l'argent fait faute ailleurs, une indemnité qui solde les dépenses de rigoureuse nécessité, facilite le mandataire, en impose aux ennemis de son indépendance, et pénètre ses décisions de la magie qui les fait admirer des peuples.

47. *Députations.* La Chambre des Députés est l'image directe et fidèle de la France ; et chaque département y porte le tableau de ses ressources, par une députation prise en son sein. Imposer cette tâche aux départemens, c'est atta-

(15)

quer l'intrigue et la cabale ; c'est laisser bien loin les vautours des
emplois, les momies des intérêts réels.

52. *Electeurs.* C'est un besoin d'aimer ses parens, les sites de son
enfance, son pays et son Roi ; d'être national. Mais en tout il est
des encouragemens heureux, et le propriétaire déclaré le plus inté-
ressé à l'ordre public, chacun voudra être électeur.

66. *Divisions.* Où sont occupés les brillans débris de notre vieille
gloire, les généraux qui donnent de l'éclat à la France et portent au
prince l'amour de tous leurs vieux compagnons d'armes, de tous les
citoyens dont le cœur bat au nom sacré de la patrie.

Autant de divisions que de Cours royales, il y a économie ;
promptitude et régularité dans le service. Celui qui scella de son
sang l'intégrité de son pays, donna sa vie à ses concitoyens : en
douter c'est l'offenser.

67. *Garde royale.* Ce corps, essentiellement d'émulation pour les
régimens de toutes armes, jette un luxe favorable au trône, et rend
la police et la discipline militaires, simples et commodes.

69. *Prêtre.* Un costume bizarre le fait vénérer, et son utilité le fait
estimer : il préside aux cérémonies qui adoucissent les mœurs, et
son utilité est imminente à celui qui ne peut suivre les écoles
où l'on apprend à grands frais les lois qui régissent les peuples.

La terre est l'apanage des hommes, et le prêtre s'y nourrit ;
mais, sans recourir aux dîmes, à ces impôts irréguliers, chacun paye
selon son revenu. La morale est aride, et, pour la faire couler au cœur
du malheureux, le prêtre ne doit point sentir en le sien la souil-
lure du besoin. Le merveilleux s'envole avec l'argent.

72. *Jésuites.* But, s'emparer des gouvernemens.

Moyens, accaparer la propriété et diminuer les populations.

Arsenaux, écoles pour façonner les jeunes têtes à ces hardis projets.

Dépôts, maisons où les victimes vont porter une dot et finir une
existence languissante et cruelle, si elles eurent à se défendre, à
la fois, et des intrigues de la cupidité, et des séduisantes fictions
de la religion.

Il est urgent de réduire les séminaires ; mais les couvens en horreur
à la nature, la liberté les repousse. La jeunesse dans ses passions
ardentes, la vieillesse dans la simplicité de ses goûts, doivent être
protégées contre toutes les combinaisons du vice, contre les vio-
lentes aberrations de l'esprit, contre les distractions de la vertu :
nous échappâmes à l'une de ces époques critiques, l'autre nous
attend.

73. *Hospice.* Les capitaux abandonnés aux populations portent à
l'aisance générale et font descendre dans toutes les classes l'esprit
national et le bonheur. Les établissemens publics sont des charges,
et dans chaque société les charges sont communes. La crainte, la
douleur de perdre un héritage, le désir de le reprendre, sont des
inquiétudes qui nuisent à la tranquillité publique.

74. *Cérémonies.* Les pratiques de la religion que nous avons retenues des peuples qui s'élevèrent le plus à la civilisation, sont im-
posantes, majestueuses et fraternelles ; mais, loin de l'œil du pro-
fane et du critique, leurs fruits sont précieux, abondans et salutaires.

75. *Enseignement.* L'État organise un enseignement général, mais
le père de famille donne à ses enfans les maîtres de son choix,
et peut les présenter aux examens des écoles spéciales. Les chefs
d'institution et les professeurs ne sont soumis qu'à une déclaration
déposée à la mairie. La concurrence donne de l'émulation et pro-
page l'instruction, surtout aux communes parsemées de hameaux.

78. *Institut.* Ce corps d'encouragement réunit toutes les sommi-
tés que l'étude absorbe et que distinguent quelques traits brillans.

Autrefois les quarante immortels étaient un faisceau de lumière, aujourd'hui, que le provisoire et la précipitation veulent tout saisir sont entassés 400 membres. Mais, si telle influence qui coûte *deux cents mille francs*, en ose encore prélever *deux ou trois mille* sur l'aumône de la science, il étonne que le moraliste, que le législateur, que Talma, le type de la langue parlée et l'oracle des beaux arts, n'aient point encore pénétré dans ce temple des muses.

80. *Administrations.* Chaque division avec les mêmes rouages, les jalousies et les haines s'en vont, le gouvernement est moins compliqué et meilleur marché.

84. *Jurés.* Toutes les actions préjudiciables à autrui sont la pâture des tribunaux ordinaires, celles nées des rixes spontanées sont la part de la police ; mais les attentats à la personne et à la propriété, avec préméditation, la Cour d'assises s'en saisit. Cette dernière espèce de crimes est une levée de boucliers contre la loi, et les jurés, les électeurs, qui sont la base de toutes nos institutions en décident.

90. *Ordre public.* Se trouve en la loi qui ne laisse rien au hasard. Le foyer de l'administration est le Roi qui est la Charte en action. Tous veulent savoir la hiérarchie des pouvoirs délégués, leur place au ciel : les fonctionnaires d'un intérêt général émanent du Roi, ceux d'un intérêt local viennent d'une élection, et ceux mixtes d'un système combiné.

92. *Concurrence.* Les traités sont au timbre de l'économie, aussitôt que chaque citoyen peut y prendre part. L'État a ses moyens de contrôle qui assurent l'accomplissement des engagemens. La valeur intrinsèque et le prix de la main-d'œuvre rendent les fournisseurs et les entrepreneurs possibles dans toutes les hypothèses.

Il est pourtant des marchés dont il faut s'abstenir : ceux qui sont des échelons vers les fiefs. La communauté, qui prévoit les pertes comme les dépenses, marche au-devant de toutes les garanties, de toutes les assurances, du moins pour les immeubles. Un nouveau système d'impôts fait abandonner à la nation les péages des routes et des rivières, mais toute concession est onéreuse, et celle trop importante laisse les agens du pouvoir entachés d'un vernis fâcheux.

93. *Appointemens.* La Charte, qui fixe le chiffre de la liste civile, met des bornes aux empiétemens de l'importunité. Les emplois sont une chaîne de représentations, pareille à celle de l'agriculteur à l'opulent, et les appointemens de 300 à 60,000 fr. en sont les anneaux extrêmes. Ces appointemens fixes, ou en remises, laissent quelques épargnes, sans préjudice du traitement de retraite qui fait une autre chaîne plus menue et non moins longue, de 100 à 10,000 fr. Alors les traitemens sont payés comme ils sont formés ; les supplémens et les retenues compliquent la comptabilité sans aucun avantage.

94. *Engagemens.* Furent-ils tous réguliers sous le gouvernement que le peuple brisa trois fois avec fureur ? Il est au moins permis d'en douter, et la prudence autorise une révision.

96. *Noblesse.* Tous ceux qui ont bien mérité de la patrie sont décorés de la légion d'honneur ; cet ordre éminemment national est la noblesse française. L'ancienne noblesse, qui souvent naquit avec les priviléges, se retrempera dans la nouvelle, et, séparée des faux frères, elle brillera de tout son éclat en plaçant sur le cœur, de l'honneur, l'éblouissante Étoile.